DESCOBERTAS E INVENÇÕES QUE MUDARAM A HISTÓRIA

PESQUISA PARA A VIDA

Graças à **curiosidade**, esse desejo de **saber** e descobrir coisas novas, o ser humano vem inventando uma infinidade de coisas.

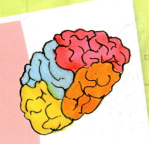

DESAPRENDER PARA APRENDER

Para criar algo totalmente novo, às vezes é preciso **esquecer** aquilo que nos **parece normal** e usar toda a imaginação.

O método científico

Acender a luz, pegar o elevador, viajar de carro ou de avião, falar ao telefone ou usar a máquina de lavar são ações que **fazemos com tanta naturalidade** que até parece que essas criações sempre existiram. Porém, por trás de cada uma delas, houve uma ou várias **pessoas que pesquisaram** até conseguir descobri-las ou inventá-las.

ALGUMAS INVENÇÕES LEVAM SÉCULOS

1857   1934   2003   1901

Certas invenções e descobertas **não são obra de uma única pessoa**, mas de um grupo de pessoas ou equipes. Pesquisas **costumam levar muitos anos**.

6. CONCLUSÕES

Analiso os dados. Se os resultados da investigação confirmarem minha hipótese, significa que ela é **verdadeira**! Escrevo as conclusões para explicá-las aos demais. Se não confirmarem, ela é falsa. Portanto, preciso formular outra hipótese.

5. EXPERIMENTAÇÃO

Devo testar minha hipótese. É verdadeira ou falsa? Faço **experimentos**, **registro** dados e **investigo** diversos materiais científicos.

4. HIPÓTESE

Imagino **qual será a resposta correta** para minha pergunta. Assim, formulo minha hipótese!

4

O QUE É O MÉTODO CIENTÍFICO?

Uma **série organizada de procedimentos** que são usados em uma pesquisa científica.

INVENÇÃO OU DESCOBERTA?

Há uma grande diferença entre o que é invenção e o que é descoberta:

A **invenção** é algo que não **existia antes**, e que surge da nossa imaginação. Como o telefone inventado por **Graham Bell** e sua esposa **Elisa Gray**, ou os motores de **Nikola Tesla**.

Uma **descoberta** é algo que **já existia** na natureza, mas de que **não tínhamos conhecimento**. A descoberta acontece mediante pesquisas e experimentos, como aconteceu com o fogo, a eletricidade e a radiação.

VOCÊ PODE SER UM INVENTOR!

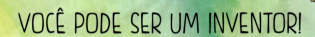

O QUE GOSTARIA DE INVENTAR?

1. OBSERVAÇÃO

Observo o **mundo ao meu redor**; tudo me deixa curioso; surge uma dúvida.

RECEITA PARA SER UM INVENTOR OU DESCOBRIDOR

- Uma tonelada de curiosidade;
- 100 quilos de imaginação;
- Uma porção de ideias, por mais malucas que pareçam;
- Muita vontade de perseguir seus objetivos e sonhos;
- 7 copos de observação;
- 27 colheres de sopa de concentração;
- 3 quilos de inovação para mudar o mundo;
- Uma tigela cheia de conhecimento e muita vontade de aprender;
- Misture tudo com muita criatividade e disciplina para explorar e investigar.

2. QUESTIONAMENTO DO PROBLEMA

Faço perguntas para começar a investigar. Eu me pergunto: o que está acontecendo? Por quê? Como? Quando?

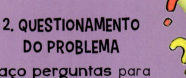

3. COLETA DE DADOS

Pesquiso e **coleto informações**. O que já se sabe sobre a minha dúvida?

A CONQUISTA DO FOGO

Foi um **longo caminho** percorrido no decorrer dos anos. De acordo com pesquisas, o *Homo erectus* foi a primeira espécie humana a controlar o fogo, há cerca de um milhão de anos. Eles eram chamados de "homens de fogo". Mas há evidências de que um controle melhor do elemento só foi obtido há 125.000 anos.

O FOGO
LUZ, CALOR E ENERGIA

O **fogo** não é uma invenção, mas **uma descoberta**, e uma das mais importantes da humanidade! Obtê-lo com rapidez e conforto era um sonho perseguido pelo homem desde a Pré-história.

AQUECENDO-SE
Os *Homo erectus* se sentavam **ao redor** da fogueira, onde compartilhavam **momentos**, **danças** e **cerimônias**.

REUNIÕES NA FOGUEIRA
Também se reuniam para **conversar** e tomar decisões, além de contar histórias e prestar **homenagens**.

Muitas dessas reuniões tinham **caráter sagrado**. Fogo também significava união.

"Homens de fogo"

DESCOBERTA DO FOGO
Possivelmente, o primeiro fogo avistado foi produzido de maneira natural, ou seja, por um **raio**, um **incêndio** ou um **vulcão**.

ENTRE O MEDO E A ADMIRAÇÃO
A princípio, o fogo foi visto como um **enorme monstro** que devorava tudo. No entanto, as pessoas perceberam que poderiam usá-lo em seu dia a dia.

OH, DEUS FOGO!
O fogo era tão valioso e imponente que muitas vezes era **considerado sagrado**. Com rituais ao redor de uma fogueira, era cultuado como um deus.

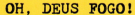

UTILIDADE POSTERIOR

PRODUZIR CERÂMICA
Aquecer a terra para produzir **vasos de cerâmica**.

QUE NÃO SE APAGUE!
Manter o fogo aceso foi outro desafio do homem pré-histórico. Era preciso **alimentá-lo** dia e noite para manter as **chamas acesas**. Afinal, era muito difícil fazer fogo novamente.

6

Um passo gigante para a humanidade!

UTILIDADES DO FOGO

ASSAR ALIMENTOS

O fogo ajudou a **evitar doenças** que são contraídas ao ingerir carne estragada.

Ao serem **defumados**, os alimentos duram por mais tempo.

A **carne de caça** era uma das principais fontes de alimento.

ILUMINAR

Graças à luz do fogo, era possível **trabalhar** nas profundezas das **cavernas**, que são tomadas pela escuridão.

O fogo também ajudou na **realização de tarefas** até mais tarde no dia, pois a **iluminação** permitia que se trabalhasse à noite.

DEFENDER-SE CONTRA AS FERAS

E permitiu **espantar** possíveis **predadores**.

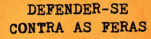

PRODUZIR ARMAS

O fogo também contribuiu na produção de armas cada vez mais sofisticadas, até chegar às **armas de metal**.

COMO ACENDIAM O FOGO?

Quando o fogo se apagava, o frio e a escuridão voltavam. Então, era essencial **aprender a produzir fogo**. Assim, vários métodos para acendê-lo foram testados.

Esfregando cordas na madeira — Batendo pedras — Por fricção

LEVANDO O FOGO POR TODA PARTE!

Depois, as pessoas aprenderam a transportá-lo com **tochas** ou guardando as brasas em **chifres** de animais.

A EVOLUÇÃO DO HOMEM COM O FOGO

O fogo, como você pode notar, foi um **ponto decisivo** para a evolução da espécie humana. Não apenas mudou a vida diária do *Homo erectus*, como influenciou suas próximas evoluções.

BRAVO!

Além do comportamento social, o domínio do fogo causou **mudanças físicas** e **intelectuais** no ser humano: um cérebro maior, mais inteligência, desenvolvimento de ideias mais complexas, posição ereta...

Ainda hoje, o fogo é símbolo de força, luz, poder e vida, sendo **venerado** em **cultos** e **cerimônias**.

UMA INVENÇÃO REDONDA
A RODA

Você consegue imaginar a vida sem rodas?

É difícil acreditar que algo tão simples como uma roda tenha mudado a **história da humanidade**.

Como é legal andar de skate!

A **roda** não é apenas um objeto, mas um **mecanismo**, um sistema de movimento que se baseia em um disco que gira sobre seu próprio eixo.

Máquina simples

A **roda** é uma máquina simples, um **dispositivo mecânico** que faz parte de outras máquinas mais complexas.

Polia (ou roldana)

Plano inclinado

Alavanca

Moinho de grãos

Torno

Cunha

QUANDO E ONDE?

Acredita-se que as primeiras rodas foram fabricadas há **cerca de 5.500 anos**.

RODA DE OLEIRO
Não se sabe exatamente quem inventou a roda, mas acredita-se que ela foi usada pela **primeira vez** como parte de uma **roda de oleiro**.

A RODA SUMÉRIA

A **representação** de uma roda de carruagem foi encontrada em um **baixo-relevo** nas ruínas da cidade de Ur, onde hoje é o Iraque.

TIPOS DE RODA

Moinho

Carruagem

Trem

Carro

ANTES DA RODA

Há milhares de anos, para erguer monumentos grandiosos, como as pirâmides do Egito ou as construções dos maias e incas, vários homens tiveram de **carregar enormes blocos de pedra**. Posteriormente, máquinas simples como **cunhas** e **alavancas** foram utilizadas para facilitar a tarefa.

BRINQUEDOS MAIAS

Você sabia que civilizações antigas avançadas, como os incas, astecas ou maias, **nunca usaram a roda como meio de transporte**? E eles conheciam esse mecanismo, pois o usavam para construir brinquedos.

RODAS AQUI, RODAS ACOLÁ

No dia a dia, estamos **rodeados** de objetos ou máquinas que têm **rodas**. Abaixo, podemos ver alguns.

A roda é uma das **invenções mais úteis da história**. Foi o ponto de partida para muitas outras invenções. Quais outras você conhece?

Graças à roda!

COMO A RODA FUNCIONA

Roda e eixo • Transmissão • Polia

A roda é utilizada como peça fundamental em máquinas mais complexas. Existem diferentes tipos de rodas: de fricção, engrenagens, pás, polias e transporte.

Dentada • De transporte • Polia • De pás

RELÓGIO
As engrenagens são **rodas dentadas** que transmitem um movimento preciso aos ponteiros que marcam as horas, minutos e segundos.

HÉLICE
Nesta magnífica invenção, as pás **empurram o ar** ou **a água** para girar a roda central.

GUINDASTE
Esta **máquina** de polias e contrapesos é ideal para **levantar coisas muito pesadas**.

Engrenagens

Polias

BICICLETA
As rodas dentadas e a corrente **transmitem o movimento** que fazemos com as pernas ao pedalar.

OBSERVE ESTA VELHA RODA D'ÁGUA
Era utilizada há mais de 2.200 anos.

MOINHO D'ÁGUA
A nora, com suas pás, usa a força do movimento da água para girar as rodas dentadas (engrenagens).

CARRO
É uma máquina **muito complexa**. Suas rodas trabalham em conjunto; as dianteiras giram de acordo com o comando do volante.

CARROÇA
Duas rodas trabalham juntas compartilhando o mesmo eixo.

PARTES DO MOINHO
Eixo • Pedras de amolar • Roda dentada

Nora

A IMPRENSA
CONHECIMENTO AO ALCANCE DE TODOS

No século XV, **Johannes Gutenberg** criou um sistema para impressão de textos. Era um processo muito trabalhoso!

Com a imprensa, foi possível **reproduzir** vários textos de maneira impressa.

A partir dessa invenção, nasceram os primeiros livros, jornais e revistas, o que estimulou as pessoas a **aprenderem a ler** e a **escrever**.

IMPRENSA MANUAL
O impressor fazia a imprensa **funcionar**. Ele **pressionava** uma caixa com o texto sobre o papel.

VEJA COMO FUNCIONAVA:
Os textos eram formados com letras em moldes de madeira.

TIPOS
É assim que as **letras** também são chamadas. Eram feitas de chumbo fundido.

As letras eram colocadas em caixas de madeira.

Caixa com texto para imprimir

Folha impressa

Almofada para espalhar a tinta

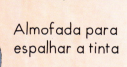

Gutenberg criou uma **tinta espessa** que podia imprimir dez cópias.

Bastidor deslizante

Impressor

ANTES DA IMPRENSA, TAMBÉM SE ESCREVIA!

A **escrita** nasceu há cerca de 3.500 anos.

Um documento escrito tinha muito mais valor do que **mil palavras ditas**. É como diz um provérbio latino: "A palavra voa, mas o que está escrito permanece".

PEDRA DE ROSETA
Esta estela (placa de pedra) com um decreto do faraó **Ptolomeu V** está escrita em três idiomas diferentes.

ONDE E COMO?
Os escritos preservados mais antigos são pequenas tábuas em **escrita cuneiforme**, encontradas no Irã e no Iraque.

Também foram encontrados registros na China.

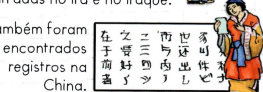

10

FOI UMA INVENÇÃO EXTRAORDINÁRIA

Antes da imprensa, os livros eram escritos à mão pelos **copistas**. Os livros eram como tesouros de que só alguns privilegiados podiam desfrutar.

Foi o início da alfabetização!

Um grande passo para a cultura.

Caixa de letras

CAIXISTA

Era encarregado de compor a página no molde de madeira. Mais tarde, essa profissão passou a ser chamada de **tipógrafo**.

Montava cada linha do texto.

VOCÊ SABIA QUE...?

Os sumérios gravavam símbolos em um cilindro de pedra, que eram impressos em argila macia.

Os chineses **esculpiam o texto** em uma placa de madeira e, depois, usavam tinta para imprimi-lo no papel. Essa técnica é chamada de **xilogravura** e é usada até hoje.

IMPRESSORAS MODERNAS

Agora, a impressão foi modernizada e, graças à magnífica invenção da computação, foram criadas impressoras 2-D e 3-D.

Os antigos egípcios tinham uma escrita muito complexa, composta por oito mil **hieróglifos**.

Finalmente um **alfabeto**! Os fenícios criaram o primeiro alfabeto, do qual deriva o nosso.

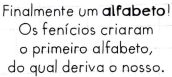

COMO O PAPEL FOI INVENTADO?

PAPIRO: O PAI DO PAPEL

Há cerca de três mil anos, os egípcios o fabricavam a partir de uma planta chamada **Papyrus**, que crescia às margens do rio Nilo.

Antes disso, se escrevia sobre pedras, argila ou cerâmica, couro ou tábuas de madeira.

O PAPEL NOS TEMPOS MODERNOS

Foi apenas há cerca de duzentos anos, na Europa, que as **máquinas de papel** foram inventadas.

Houve um grande processo para ocorrer sua **industrialização**.

Assim, foi possível fabricar os milhares de tipos de papéis que conhecemos hoje.

RECICLE!

As árvores não são infinitas.

E, graças a isso, hoje podemos ler milhões de livros como este.

A ELETRICIDADE A LUZ CHEGOU!

Você já pensou em **quantas vezes por dia** usa eletricidade? Parece impossível viver sem ela, certo? Mas nem sempre foi fácil ter acesso a essa energia.

AS IDEIAS
Muitos estudiosos descobriram como acender a lâmpada, assim como **controlá-la** e **usá-la**.

ELETRICIDADE ESTÁTICA
Alguma vez você já ficou com os cabelos em pé ao encostar em um objeto? Isso se deve à **eletricidade estática**: os elétrons do objeto reagem com nossos cabelos e... a magia acontece!

FENÔMENO NATURAL
A energia elétrica está na natureza: na terra, no ar, no universo e até em nosso corpo. É **produzida pelos elétrons** que fazem parte dos átomos.

VOLTS E WATTS
V W

Existem diferentes maneiras de **medir a eletricidade**. Volts medem a energia disponível em um ponto; watts medem o consumo elétrico de um dispositivo.

Nunca chegue perto de áreas de alta-tensão ou toque nas tomadas.

A guerra das

NIKOLA TESLA
Este cientista de origem sérvia é considerado um dos maiores inventores da humanidade.

Uma de suas melhores invenções foi a torre de Tesla. Ela podia gerar energia limpa, sem fio e gratuita. Era um sistema muito ecológico!

OUTRAS INVENÇÕES DE TESLA

Bobina de Tesla

Motor de indução

Na sua época, Tesla não prosperou porque seus inventos não traziam lucro aos empresários do setor elétrico. Mas, atualmente, está sendo feita a tentativa para retomá-los.

CORRENTE ALTERNADA

CA Muda a direção da corrente **alternando os polos** negativo e positivo.

DISTRIBUIÇÃO DE ELETRICIDADE
Para **transportar** a eletricidade, são usadas torres de alta-tensão, que suportam **cabos** bem **grossos**. Eles atravessam milhares de quilômetros para levar energia a todas as cidades.

MATERIAIS
ISOLANTES: funcionam como uma **barreira**, não deixando a energia elétrica passar.

CONDUTORES: são como **pontes**, transmitindo a energia.

A LÂMPADA ELÉTRICA

A lâmpada é uma invenção incrível **usada em todo o mundo**. A primeira a surgir foi a lâmpada incandescente, patenteada por **Thomas Edison**, em 1879. Ela foi aprimorada para fornecer mais luz e consumir menos energia.

correntes

Este poderoso empresário e inventor defendeu o uso da corrente contínua, apesar de ser mais cara. Além disso, desacreditou Tesla, que morreu pobre e visto como louco por muitas pessoas.

THOMAS EDISON

OUTRAS INVENÇÕES DE EDISON

O fonógrafo era capaz de gravar e reproduzir sons.

 Microfone de carbono

 Bateria de níquel-ferro

Recarregável e composta por dois eletrodos capazes de acumular a corrente. Ela podia alimentar carros elétricos!

EVOLUÇÃO DAS LÂMPADAS

A iluminação evoluiu ao longo da história, desde as **lamparinas a óleo** até as **lâmpadas** de hoje.

TIPOS E DURAÇÕES DAS LÂMPADAS

Incandescente (1.000 h)
Halógena (2.000 h)
Fluorescente (6.000 h)
LED (40.000 h)

PILHAS

As pilhas **transformam** energia **química** em energia **elétrica**.

De botão
De hidrógeno
Alcalina

Todas têm um **polo negativo** e um **positivo** e transportam corrente contínua.

Controle remoto

CORRENTE CONTÍNUA

CC — As cargas elétricas sempre seguem na mesma direção; é uma **corrente constante**.

É **importante economizar** energia. Produzi-la custa muitos recursos da nossa Terra e contribui para o aquecimento global. Todos nós podemos ajudar, reduzindo o consumo.

FABRICAR ENERGIA

Existem muitas maneiras de **produzir** e acumular eletricidade. Algumas afetam menos o nosso planeta do que outras, dependendo dos **recursos** usados para **gerá-la**.

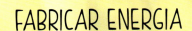

FÓSSIL   RENOVÁVEL   ATÔMICA

CONSUMO DOMÉSTICO
(medido em lâmpadas de 100 watts)

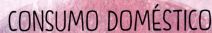
Lâmpada de baixo consumo: 1/5 de lâmpada

Fogão elétrico: 45 lâmpadas

Computador: 1/4 de lâmpada

Máquina de lavar: 42 lâmpadas

Garrafa térmica: 15 lâmpadas

Lâmpada incandescente

Televisão: 1 lâmpada

Ferro de passar: 10 lâmpadas

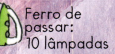
Micro-ondas: 12 lâmpadas

A COZINHA
UM LUGAR CHEIO DE INVENÇÕES

COMO ERA ANTES?

Muitas coisas mudaram ao longo do tempo. Instrumentos e máquinas foram adaptados até se tornarem o que são hoje. Observe como **nossos bisavós** cozinhavam!

As cozinhas têm sempre algo mágico: **segredos** e **receitas** que passam de geração em geração, **comidas deliciosas** e **bons ingredientes**.

Graças à ciência e à curiosidade humana, instrumentos e utensílios foram inventados para **facilitar tarefas**.

FOGÃO A LENHA OU CARVÃO

Feito de ferro forjado, chamavam-no de "fogão econômico". Além de **cozinhar**, servia para **aquecer** a casa.

Refrigerador deriva do latim *refrigerator* e significa "aquilo que refresca, que esfria". Antes, os alimentos eram armazenados em buracos cheios de neve.

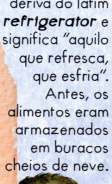

GELADEIRA

É essencial em qualquer cozinha. **Mantém os alimentos frios** para que não estraguem. A primeira foi criada pelo alemão **Carl Von Linde**, em 1876.

CONGELADOR

Armazena os alimentos em temperaturas abaixo de zero (entre −7°C e −24°C). Isso faz com que **durem muito mais tempo**.

MÁQUINA DE LAVAR

Esta curiosa máquina de lavar remonta ao século XIX, e seu funcionamento não era tão diferente das usadas nos dias atuais. As roupas eram colocadas dentro de um cesto giratório que tinha de ser **movido manualmente**.

PANELA DE PRESSÃO

As panelas de pressão de hoje são muito diferentes das antigas.

Cubos de gelo

COMIDAS

MASSA

Com tomate, molho, azeite ou queijo... Não se sabe ao certo quem a inventou, mas é fato que um bom prato de **espaguete** é sempre uma delícia.

SANDUÍCHE

O conde de Sandwich, John Montagu, viveu em meados do século XVIII. Um dia, quando estava muito ocupado jogando cartas, pediu ao mordomo que colocasse **carne entre dois pães** para que ele pudesse comer enquanto jogava. Por causa disso, essa deliciosa invenção recebeu o nome dele.

SORVETE

O italiano **Francesco Procopio** inventou uma máquina que misturava frutas, açúcar e gelo, em 1660. Foi assim que esse delicioso creme congelado se originou! Mas acredita-se que o sorvete já era apreciado há quase **seis mil anos na China**.

APARELHOS MODERNOS

Quase todos os aparelhos que usamos na cozinha funcionam com eletricidade; é por isso que são chamados de "**eletrodomésticos**".

MICRO-ONDAS

Aquece e **cozinha** a comida com ondas eletromagnéticas! As micro-ondas fazem as moléculas de água do alimento se agitarem, aquecendo-o. O primeiro aparelho foi inventado por **Percy Spencer**, em 1947.

LAVA-LOUÇAS

Começou a ser mais utilizada a partir de 1970. É muito prática: **economiza tempo** e **água**.

COMER VERDURAS
Além de **muito saudáveis**, são deliciosas. Você conhece alguma receita feita com verduras?

CONSERVANDO OS ALIMENTOS

Atualmente, é fácil conservar os alimentos. Antigamente, mantê-los frescos e em boas condições era um problema. As invenções abaixo ajudaram a conseguir esse feito.

LATAS
Os alimentos enlatados são selados após serem aquecidos, e o ar é removido. Dessa forma, são **mais bem conservados**.

EMBALADOS A VÁCUO
A película que cobre os alimentos funciona como uma **barreira de isolamento**. Com isso, as bactérias não podem entrar ou se proliferar.

CONGELADOS
Manter alimentos em temperaturas abaixo de zero também é um método bom para evitar a proliferação das bactérias que podem estragá-los.

CHOCOLATE
Você conhece a **planta do cacau**? O chocolate é feito dela. Adicionando leite, nozes e outros ingredientes, é possível fazer deliciosos **tabletes**. Hum... que delícia! E leite com cacau em pó, você gosta?

PIZZA
Esta invenção é atribuída aos **napolitanos**, na Itália, embora muitas outras culturas tenham receitas semelhantes. Nada mais é que uma massa com ingredientes deliciosos por cima... Pronto! É só desfrutar de uma deliciosa pizza!

15

OS MICRORGANISMOS
UM MUNDO INVISÍVEL

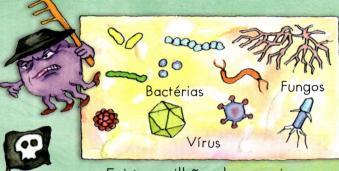

MICRÓBIOS BONS E MAUS

Benéficos: dentro do corpo, eles ajudam a defendê-lo e auxiliam na digestão. Fora do corpo, estão presentes na alimentação, na agricultura, etc.

Patógenos: causam infecções e doenças.

Existem milhões de organismos elementares, ou seja, básicos, mas importantes para o desenvolvimento da vida.

Esses pequenos seres vivos, também chamados de "micróbios", estão por toda parte, mas são tão minúsculos que só podem ser **vistos com um microscópio**.

LOUIS PASTEUR
CIENTISTA EXTRAORDINÁRIO

Há alguns séculos, ninguém sabia o que causava as doenças.

Mesmo se você abrir bem os olhos, não os verá.

A **microbiologia** é o estudo dos microrganismos.

Você sabia que temos praticamente o mesmo número de bactérias e de células em nosso corpo?

No entanto, em 1873, **Louis Pasteur** descobriu que elas eram **provocadas por micróbios**.

Apesar de ser químico, e não médico, sua **"teoria dos germes das doenças"** foi muito importante para a medicina.

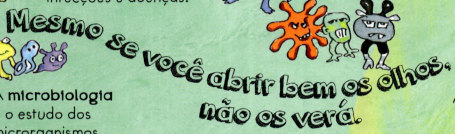

Ele desenvolveu substâncias **antimicrobianas**, que foram utilizadas pelos médicos para evitar contaminações e prevenir infecções.

MICROBIOTA
NÃO ESTAMOS SOZINHOS!

Nosso corpo é um ecossistema. **Somos o "lar" de milhões de micróbios.**

Eles possuem um papel essencial para nossa saúde, pois nos ajudam a digerir os alimentos e a produzir vitaminas, além de formar um grande exército que nos protege de outros micróbios externos que podem nos deixar doentes. O conjunto de micróbios é denominado "microbiota".

ALIMENTOS "PODRES"

Pasteur mostrou que a comida **apodrece** devido à contaminação de **micróbios** que estão no ar e afirmou que eles podem causar doenças.

Hoje em dia, a pasteurização é amplamente utilizada para **evitar** a **contaminação** da comida.

PASTEURIZAÇÃO

Ele inventou o processo de **pasteurização**, que consiste em aquecer um alimento, principalmente em estado líquido (como o leite), e resfriá-lo logo em seguida.

Isso **elimina microrganismos** que podem causar doenças.

VACINA
Uma picada que protege!

"VACINA" VEM DE "VACA"
EDWARD JENNER, 1796

Chamado de "pai da imunologia", foi um médico rural que inventou a primeira vacina, em 1796. Ela foi usada no combate à varíola. Graças ao seu trabalho, Jenner **salvou muitas vidas**.

Jenner observou que as pessoas que ordenhavam vacas eram imunes à varíola humana.

Ele descobriu que a vaca tinha uma versão da doença e que injetar parte do vírus da vaca em pessoas saudáveis podia fazer com que seus organismos **criassem defesas** (anticorpos) contra a varíola humana.

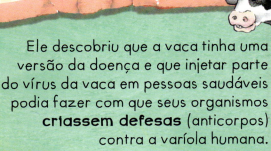

VACINA ANTIRRÁBICA

 *OUTRA INVENÇÃO MUITO IMPORTANTE!*

Pasteur desenvolveu essa vacina a partir de um vírus que **encontrou** na saliva de **animais infectados** com raiva. Ele a testou em uma criança que havia sido mordida por um cachorro raivoso, salvando-a dessa doença mortal.

FERMENTAÇÃO

Por volta de 1857, ele descobriu as **leveduras**, que são fungos que realizam um processo de fermentação. Elas são usadas para muitas coisas, como **fazer crescer a massa** no preparo do pão.

AS LEVEDURAS
Mais de 160 **espécies diferentes** de levedura são conhecidas, como a levedura de pão e de cerveja.

Outros produtos fermentados são o queijo e o iogurte.

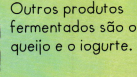

ANTIBIÓTICOS
A **penicilina** foi descoberta, em 1928, por um descuido! Alexander Fleming, em um de seus experimentos, deixou uma placa de Petri contaminada com um fungo chamado *Penicillium* durante toda a noite. No dia seguinte, descobriu que nenhuma bactéria havia crescido ao seu redor. Eis, então, um remédio **contra infecções**!

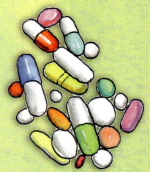
Penicilina

RAIOS X
WILHELM CONRAD RÖNTGEN, 1895

Eles passam pela pele e pelos músculos, mostrando **nossos ossos**! Essa incrível descoberta de Conrad Röntgen revolucionou muitas áreas da ciência, da medicina à astronomia.

ANESTESIA
Foi descoberta no final do século XIX. Um **grande alívio** para os pacientes! Há apenas dois séculos, as operações eram realizadas dando ao paciente um pedaço de madeira para que ele pudesse morder e suportar a dor.

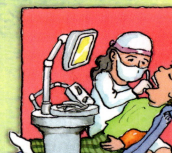

UM CÓDIGO SECRETO...
... VIVE EM NOSSAS CÉLULAS

Em 1655, ao examinar um pequeno pedaço de sobreiro, o cientista **Robert Hooke** descobriu que os tecidos da árvore eram constituídos por milhares de cavidades, as quais ele denominou de "células".

A CÉLULA
A célula é a unidade fundamental da vida.

Há muitas e elas cumprem diferentes funções no corpo.

No núcleo de cada uma, está o centro de operações e o DNA.

Somos feitos de milhões e milhões de células. Nelas, está guardado o mapa do nosso corpo.

DNA:
Ácido desoxirribonucleico

JAMES D. WATSON E FRANCIS CRICK

Em 1953, eles descobriram que essa **molécula** em forma de **hélice dupla** está presente em cada uma das nossas células. Dentro dela, estão os cromossomos que guardam nosso **código genético**.

Se desenrolássemos todo o DNA das células de um corpo humano, cobriríamos a distância da Terra à Lua sete mil vezes.

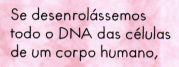

CROMOSSOMOS
Dentro do nosso corpo, temos **46 cromossomos** unidos em pares.

Parecem bonequinhos formados por um grande quebra-cabeça de DNA.

OS GENES
Gregor Mendel trabalhava com plantas e descobriu que os genes continham todas as informações que são passadas de **pais para filhos**. Isso foi um grande passo no estudo da **genética**.

O GENOMA HUMANO
É o conjunto de **todos os nossos genes**, uma combinação que mistura aqueles que herdamos dos nossos pais, avós, etc., de uma só vez. Com os genes, poderíamos fazer um mapa do nosso corpo.

VOCÊ É ÚNICO
Cada gene contém informações sobre nossas características: a cor dos olhos, o formato do nariz, cabelos lisos ou cacheados, nossas mãos, altura, etc.

18

CÉLULAS-TRONCO

O milagre da vida acontece quase magicamente. A partir da fecundação, as primeiras células do zigoto são responsáveis por **gerar todas as demais** que compõem o organismo. Elas são chamadas de "células-tronco".

A GENÉTICA

Essa ciência se encarrega de estudar a **herança biológica** de geração em geração. Assim, é possível descobrir nosso código secreto, o DNA, e como as células se duplicam.

São muito **importantes** para a **medicina**, pois, a partir delas, é possível gerar tecidos, criar órgãos para transplantes e reconstruir partes do corpo.

Graças ao estudo das células, houve grandes avanços para a área da saúde.

O "CLUBE DAS CÉLULAS-TRONCO"

A embriologia nasceu no final do século XX, mas foi apenas em 2007 que o cientista italiano **Paolo de Coppi** abriu as portas dessa ciência. Ele descobriu que grande parte dessas células está no líquido amniótico, que protege o bebê no útero materno.

Onde podemos encontrá-las?

TIPOS DE CÉLULAS-TRONCO

Do zigoto
O óvulo fertilizado forma uma única célula, que logo se dividirá.

Embrionárias
São chamadas assim porque se originam no embrião antes da formação do bebê.

Elas também estão no cordão umbilical e no líquido amniótico.

Adultas
Algumas células-tronco são armazenadas em vários tecidos do corpo adulto.
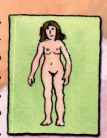

CLONAGEM GENÉTICA

É um dos avanços científicos mais impressionantes e delicados, pois permite fazer uma **cópia exata de um ser vivo**, o que não é permitido. Contudo, em julho de 1996, na Escócia, uma **ovelha foi clonada** a partir de uma célula adulta. Foi assim que nasceu a famosa ovelha Dolly. Você já ouviu falar dela?

A OVELHA DOLLY

Dentro da célula de uma ovelha é colocado o núcleo de uma célula de outra ovelha. Daí nasce uma terceira ovelha, igual à segunda. Observe!

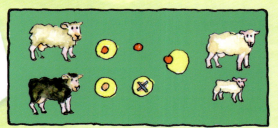

AXOLOTE
Esse anfíbio mexicano tem o **maior genoma** conhecido (dez vezes maior que o nosso) e é capaz de se regenerar!

NO MÉDICO
CIÊNCIA PARA A CURA

DIAGNÓSTICO
Os médicos são capazes de **identificar uma doença**. Portanto, é importante dizer a ele como você se sente. Com alguns exames, esses profissionais conseguirão fazer um diagnóstico.

O médico nos observa e pergunta como nos sentimos. Ele estudou muito sobre **o corpo humano e suas enfermidades**.

INSTRUMENTOS DE MEDIÇÃO
Você certamente os conhece! Eles evoluíram muito ao longo da história. Com esses instrumentos, diferentes **valores do nosso corpo** podem **ser medidos**.

RAIOS X
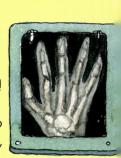
Com eles, é possível ver seu esqueleto! Os raios são invisíveis e, ao mesmo tempo, capazes de atravessar objetos.

ELETROCARDIOGRAMA
Desenha o som do seu coração! Com ele, você pode estudar o **ritmo dos batimentos cardíacos**. Willem Einthoven inventou o eletrocardiograma no início do século XX.

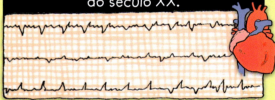

TERMÔMETRO
Você sabia que, antes, a febre era diagnosticada pelo pulso, pela sede e pelo calor? Por volta de 1800, surgiram os primeiros termômetros, feitos de **mercúrio**. Atualmente, são digitais ou infravermelhos.

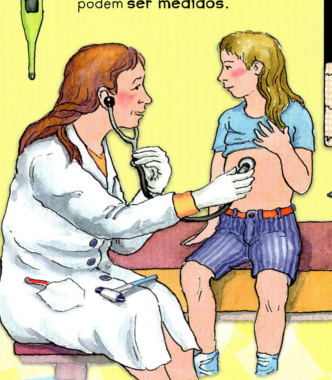

BALANÇA
Conhecer seu **peso** e sua **altura** é essencial para controlar seu crescimento.

OTOSCÓPIO
Uma lente de aumento e um feixe de luz ajudam a **examinar o canal auditivo** e o tímpano.

MARTELO DE REFLEXO
Com ele, os **reflexos dos tendões são examinados**. Um leve golpe abaixo do joelho fará com que você dê um chute involuntariamente. É divertido!

ULTRASSOM
Como as **ondas de ultrassom** refletem em nossos órgãos, podemos vê-los na tela. Parece mágica!

ESTETOSCÓPIO
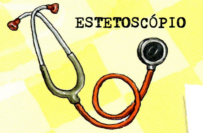
Tão simples e tão útil! Serve para **ouvir o som dos nossos órgãos**. Você já viu esse instrumento quando consultou um médico? Esses profissionais sempre o levam no pescoço.

ESFIGMOMANÔMETRO
A **pressão arterial** é um **sinal vital** muito importante. Com esse aparelho, vemos a **força que o sangue** exerce nas paredes das nossas artérias.

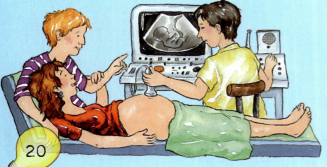

ENFERMAGEM

Os enfermeiros fazem um trabalho fundamental de **apoio à medicina**. São eles que nos medem e pesam, curam nossas feridas, nos dão vacinas, etc.

A VISÃO
ESCALA OPTOMÉTRICA

A optometria **estuda nossa visão**. Em 1872, **Ferdinand Monoyer** inventou essa tabela para medir a acuidade visual.

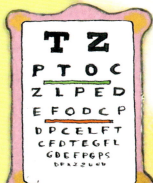

LUVAS
É essencial que os profissionais as utilizem para nos curar. Sem as luvas, os germes **infectariam as feridas**.

Observe tudo o que esses profissionais usam!

MÁSCARA
Impede que **inalemos** as pequenas partículas nocivas presentes no ar, como vírus ou bactérias.

MEDICAMENTOS
São feitos de plantas e produtos químicos. São fabricados em **laboratórios farmacêuticos**.

Você conhece as **aspirinas**? E o xarope para **tosse**?

CURATIVO
Se você torcer o pé ou se cortar, cobrir a região com um curativo ou gaze **evita uma possível infecção**.

SERINGA
Vê-las é um pouco assustador, mas são muito úteis para **injetar medicamentos** ou tirar nosso sangue.

HASTES FLEXÍVEIS
Com estas **hastes**, amostras são coletadas e, posteriormente, estudadas em laboratório.

ANTISSÉPTICOS
Graças a eles, toda a área da **ferida** permanece **livre de micróbios**.

UM POUCO DE HISTÓRIA

PRIMEIROS MÉDICOS
Hipócrates é considerado o **pai da medicina ocidental**. Ele viveu há quase 2.500 anos!

Desde a pré-história, sempre existiu a figura de um **curador**. Eles eram estudiosos reconhecidos em sua comunidade pelo poder de curar.

HOMEOPATIA
Em 1796, **Samuel Hahnemann** criou esse sistema de medicina alternativa que se baseia na cura a partir dos sintomas de cada pessoa.

ACUPUNTURA
Utiliza **agulhas finas de metal**, que são colocadas em pontos-chave do corpo para equilibrá-lo.

yin e yang

MEDICINA CHINESA
É uma ciência milenar. Ela acredita que existe uma energia vital no corpo, o **qi**, que circula através de canais chamados "meridianos".

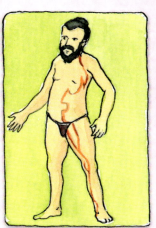

MEDICINA NATURAL
Se originou de diferentes culturas que baseiam a cura no poder dos **elementos da natureza**.

VIAJAR SOBRE RODAS
O AUTOMÓVEL

Com a chegada do automóvel, passamos a conseguir percorrer **distâncias maiores em menos tempo**. Desde o **final do século XIX**, a indústria automobilística segue em constante evolução.

BICICLETA E MOTOCICLETAS

A bicicleta é uma invenção fabulosa; ainda hoje continua a ser o meio de **transporte mais saudável**, tanto para as pessoas como para o meio ambiente.

As primeiras eram feitas de **madeira, ferro** e com rodas de diversos tamanhos.

Penny-farthing (tipo de bicicleta), 1888

Com a **bicicleta elétrica**, é possível chegar mais longe e com menos esforço.

Essas motocicletas **Custom** foram fabricadas após a Segunda Guerra Mundial. Eram muito resistentes.

O PRIMEIRO CARRO
Seu inventor foi o alemão **Karl Benz**.

Diz-se que 1886 foi o ano do nascimento do **carro moderno**.

CARRO A GASOLINA

Pequenas explosões ocorrem dentro do motor, impulsionando o carro para funcionar.

Motor de quatro cilindros.

A gasolina é queimada aqui.

O **sistema elétrico** desencadeia uma faísca que acende o motor.

O **virabrequim** transmite movimento às rodas.

Os **gases de combustão** saem pelo tubo de escape.

O **volante** comanda a direção.

FORD T
Foi um dos primeiros carros **produzidos em massa** por Henry Ford, em 1908.

Era acessível a muitas pessoas, fácil de dirigir e barato para consertar. A empresa Ford **vende** modelos de carros até hoje.

VEÍCULOS POLUENTES

A maioria dos carros atuais funciona com **diesel** ou **gasolina**, o que causa a **poluição** do ar e promove o aquecimento global.

O CARRO ELÉTRICO

Você sabia que ele foi descoberto há cerca de duzentos anos? Mas apenas a partir de 2008, com uma nova tecnologia, passaram a ser fabricados e já estão em uso. Eles **são menos poluentes**. No momento, pesquisas sobre carros movidos a hidrogênio e água estão sendo realizadas.

22

O TREM

Uma das **invenções mais importantes** da Revolução Industrial!

Com esse meio de transporte, muitas pessoas podem viajar ao mesmo tempo e por distâncias maiores.

Viajando juntos, **poluímos menos** e estamos sempre acompanhados.

PIUÍÍÍÍÍ!
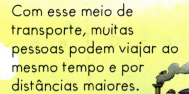

Seu inventor foi **Richard Trevithick.**

LOCOMOTIVA A VAPOR

O carvão é queimado em uma caldeira, aquecendo a água e convertendo-a em vapor. **Em alta pressão, o vapor** tem força suficiente para mover todos os vagões.

Patenteada em 1803

TREM A DIESEL
Funciona com óleo diesel. É mais rápido e potente que o trem a vapor, mas bastante poluente.

TREM ELÉTRICO
Esses trens modernos funcionam com linhas de energia. Os vagões são conectados aos cabos por meio de garfos que os prendem.

TIPOS DE VAGÕES
Os trens apresentam vagões diferentes dependendo do que transportam: **passageiros, mercadorias,** forragens ou animais.

TRANSPORTE PÚBLICO

No século XVII, surgiram os **primeiros ônibus puxados por cavalos.** Desde então, eles evoluíram até chegar ao transporte público usado hoje em dia.

ÔNIBUS

Foi **Blaise Pascal**, um dos grandes pensadores da humanidade, quem projetou um sistema de transporte, em 1662, **com itinerários, tarifas e horários fixos.**

BONDE
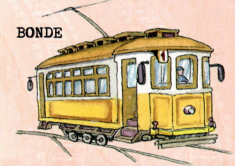

Tornou-se o principal transporte urbano no início do século XX. Foi a etapa intermediária entre o metrô e o ônibus. **Funciona com eletricidade.**

METRÔ

É um trem urbano que **percorre túneis subterrâneos** e conecta áreas próximas. Pode transportar muitos passageiros e tem horários frequentes.

O MAGLEV
Esse trem atinge 600 km/h.

É a maneira mais rápida de conhecer o Japão.

TREM-BALA
O mais rápido do mundo!

Funciona criando um poderoso campo magnético que faz o **trem flutuar nos trilhos.** É chamado de "levitação magnética".

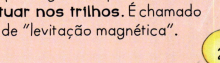

23

PELO AR...
VOAR PARECIA UM SONHO

PIONEIROS

Leonardo da Vinci sonhava que os seres humanos pudessem se mover pelo céu, como pássaros.

Sua **máquina voadora** foi inspirada no voo de morcegos e pássaros.

O **parafuso aéreo**, antecessor do helicóptero, media cerca de dez metros de diâmetro. Com sua vela em forma de espiral, era capaz de se elevar no ar!

BALÃO DE AR QUENTE

Conquistar os céus sempre foi algo muito desejado pelo ser humano. Aos poucos, conseguimos esse feito.

Voar pelo céu começou a se tornar realidade em 1783, quando os **irmãos Montgolfier**, os **irmãos Robert** e **Jacques Charles** trabalharam juntos na criação de um **balão feito de ar quente** e outros gases.

Na cabine, o comandante **pilota** o avião. Ele deve se manter muito concentrado!

Trem de pouso

BARCO A VAPOR

Caldeira de navio

NAVIO DE PESCA INDUSTRIAL

Barcos preparados para capturar e armazenar **grandes quantidades** de peixes. Às vezes, a pesca é feita com redes de arrasto, o que destrói o fundo do mar.

PRIMEIROS NAVIOS
Eram feitos de troncos, tábuas de madeira e velas.

EMBARCAÇÃO EGÍPCIA

Os egípcios eram grandes construtores navais. Seus barcos eram feitos com **papiro** e **madeira**.

NAVIOS VIKING
Os vikings eram marinheiros e guerreiros experientes. Seus navios eram **enormes** e **muito sólidos**. Podiam transportar mais de cem pessoas.

GALEÃO
Esses enormes veleiros foram usados em meados do século XV.

CIRCULAÇÃO DO AR

COMO VOAM?
Acredite ou não, é **o ar** que sustenta o avião.

O ar quente abaixo exerce muito mais pressão do que o ar frio acima. Isso permite que o avião se apoie nele.

AVIÕES
Felizmente, surgiram os aviões. Essas aeronaves magníficas são um dos meios de transporte mais seguros.

MAIS MÁQUINAS VOADORAS

DIRIGÍVEL
Este balão oval é movido a hélio e pode ser manobrado para direcionar o voo. Também é conhecido como "zepelim".

AVIÃO LEVE
É capaz de voar e até fazer **acrobacias**! Embora sejam muito atraentes para os aviadores, também são um tanto perigosos. É preciso saber pilotá-los muito bem.

Decolando...

Cauda

VOOS COMERCIAIS
Em 1914, foi criada a primeira linha de voos comerciais.

Os aviões transportavam passageiros e malas com correspondências.

Esses carrinhos transportam a bagagem até o porão do avião.

Reabastecimento de combustível

As turbinas são os motores do avião.

HELICÓPTERO
Igor Sikorsky (engenheiro ucraniano) inventou esta aeronave com sistema de **hélice** em 1942. Foi o que originou o helicóptero que conhecemos hoje.

...E PELO MAR
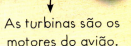
Viajar pelo mar também sempre atraiu o ser humano. Observe algumas das **embarcações** que foram criadas ao longo da história.

TRANSATLÂNTICO
Pode atravessar todo o oceano. Os primeiros eram movidos por motores a vapor. Você já ouviu falar do **Titanic**?

CRUZEIRO
É como um **grande hotel** que **navega** entre cidades. Os cruzeiros são muito utilizados pelos turistas. Podem ter até dez andares de altura!

QUEBRA-GELO
Projetado para navegar em mares e rios congelados. Seu enorme casco quebra o gelo e o direciona para as laterais do navio.

SUBMARINO
O primeiro submarino foi feito para uso militar. Mais tarde, a tecnologia permitiu fabricar submarinos cada vez mais rápidos e **resistentes à profundidade**.

PORTA-AVIÕES
Você consegue imaginar um aeroporto no mar? O porta-aviões geralmente é usado para **operações militares** ou combate a incêndios.

25

A ENERGIA MOTOR DA TRANSFORMAÇÃO

A energia faz parte do universo.
É o que permite que a vida se desenvolva.
Está em constante transformação.

O QUE É ENERGIA?

É a capacidade de realizar **trabalho**, de produzir **movimento** ou gerar **mudança**.

Tudo na natureza **consome** e **libera** energia.

O sol, o fogo, o ar e a água nos ajudam a cozinhar, viajar, transportar objetos, etc.

O desenvolvimento da **nossa sociedade** depende do trabalho. Para a **produção** de alimentos, máquinas e bens é fundamental o uso de energia.

Nosso corpo também precisa de energia para viver e se movimentar.

Nós a obtemos dos alimentos.

Ao digeri-los, nosso corpo os transforma em energia, gerando força e ajudando em nosso desenvolvimento.

A REVOLUÇÃO INDUSTRIAL

Foi fundamental para o desenvolvimento da sociedade moderna

Antes, as sociedades **produziam** todos os itens **manualmente** e em pequena escala. Após a Revolução Industrial, inventou-se a máquina a vapor, os motores, a eletricidade... e tudo mudou!

Em 1769, James Watt adaptou a **máquina a vapor** para acionar mecanismos industriais.

A descoberta do **carvão**, primeiro combustível fóssil ao qual tivemos acesso, trouxe grandes **transformações**.

As máquinas começaram a ser usadas nas fábricas. Com isso, foram criadas as linhas de produção. Logo, foi ficando mais fácil fabricar mais coisas.

Máquina a vapor

A primeira **Revolução Industrial** originou essa máquina, com um motor que transformava a energia **térmica** do carvão em energia **mecânica**: força e movimento.

26

TIPOS DE ENERGIA

NÃO RENOVÁVEL

COMBUSTÍVEIS FÓSSEIS

Petróleo, **gás natural** e **carvão** são recursos não renováveis, gerados ao longo de milhões de anos.

ENERGIA NUCLEAR

Requer urânio e plutônio, substâncias muito perigosas devido à radioatividade.

PODEM ACABAR!

RENOVÁVEL

São as energias que utilizam recursos que não acabam, como o **vento**, o **sol** ou a força da **água**.

Energia eólica, geotérmica, hidráulica, solar, biomassa (vegetal) e maremotriz (energia das marés).

A ELETRICIDADE

A energia que move nosso planeta é essencialmente elétrica. Você consegue imaginar um mundo sem eletricidade?

Para produzi-la, precisamos de muitos recursos, alguns renováveis e outros não.

A ERA DO PETRÓLEO

O início do século XX foi caracterizado pelo surgimento de grandes empresas petrolíferas.

A **gasolina** tem sido o **combustível mais utilizado** para o transporte de mercadorias e passageiros.

A EXPLOSÃO PLÁSTICA

Asfalto, plástico, chiclete...

Além de servir como fonte de energia, o petróleo pode ser refinado, o que lhe confere ampla possibilidade de utilização.

O **plástico** é extremamente poluente.

E não é biodegradável!

Energias sustentáveis

Para salvar o nosso planeta, é essencial começar a utilizar energias renováveis e que não afetem o ambiente.

ENERGIA GEOTÉRMICA

Através de um sistema de tubulações, o **calor** do interior da Terra pode ser aproveitado.

ENERGIA EÓLICA

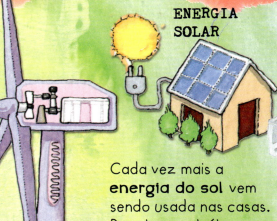

O ar move as pás dos moinhos. A energia desse movimento pode ser transformada em energia elétrica.

Moinho de vento

ENERGIA SOLAR

Painéis solares

Cada vez mais a **energia do sol** vem sendo usada nas casas. Para isso, painéis solares são colocados sobre o telhado.

Aqui estão as chamadas células fotovoltaicas, que armazenam energia.

ENERGIA MAREMOTRIZ

A força do mar também é uma magnífica fonte de energia.

TELECOMUNICAÇÕES
MENSAGENS QUE VIAJAM

Passamos da comunicação por sinais de fumaça, sons de tambores ou pombos-correios para o uso de telégrafos, telefones, celulares, GPS e radares.

"TELE" vem do grego e significa "longe". Telecomunicações são **comunicações a distância**.

O TELÉGRAFO

Em 1830, **Samuel Morse** inventou um **sistema de impulsos elétricos** e um código de interpretação constituído de pontos e traços. Tal código leva seu nome.

EMISSOR
É ele quem envia a mensagem.

O telefone foi um grande avanço para a nossa comunicação.

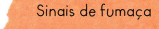
Sinais de fumaça

TELEFONE

Em 1876, **Graham Bell** patenteou essa invenção de **Antonio Meucci**, registrando-a em seu nome.

Os primeiros telefones eram fixos e tinham uma **manivela** para fazê-los funcionar.

TELEFONE DE DISCO

O **microfone** converte som em **sinais elétricos** e o **fone de ouvido** converte sinais elétricos em **som**.

CÓDIGO MORSE

É um **sistema de sinais** utilizado para transmitir mensagens. Ainda hoje é usado em navios para comunicação.

Também é usado por **radioamadores**, **pilotos** de aviação e **escoteiros**.

COMO FUNCIONA?

Ouvimos pelo fone de ouvido.

O microfone transmissor **envia sua voz** pela linha.

Arame

O **gancho** é usado para encerrar a chamada.

Com o **disco**, indicamos o número para o qual queremos ligar.

Dentro do aparelho, há um **sino** que nos avisa quando alguém está ligando.

Com o tempo, o disco foi substituído por **teclas**.

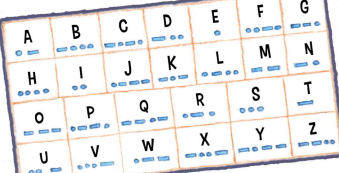

CABOS, ONDAS E ANTENAS

Eles **formam redes** e transmitem nossas mensagens por via aérea, marítima e terrestre, utilizando diferentes sistemas e dispositivos.

UM MUNDO GLOBALIZADO

Com os avanços tecnológicos, a nossa maneira de ver o mundo mudou. Uma **mensagem** que antes demorava meses para chegar agora **chega instantaneamente**.

MUITO RÁPIDO!

Atualmente, podemos enviar e receber todo tipo de informação em tempo real.

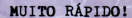

WALKIE-TALKIE

É o precursor dos telefones celulares. Emite e recebe ondas de rádio em **curtas distâncias**. Foi projetado para uso militar durante a Segunda Guerra Mundial.

A maioria desses **SISTEMAS** precisa de dispositivos emissores (que enviam) e receptores (que recebem).

RECEPTOR
É quem recebe a mensagem.

TELEFONE CELULAR

Ou apenas "celular", pois funciona com um sistema de células que dividem cidades ou territórios.

Cada célula tem uma antena...

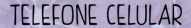

Também precisam de um **canal** que os una: de ondas, luz e eletricidade.

... que transmite ondas eletromagnéticas.

As antenas são interligadas por **fibra óptica**.

MENSAGEM
É o que é dito. Pode ser um **som**, uma **imagem** ou **dados**.

A COMUNICAÇÃO
COMPONENTES

Mensagem
Canal
Emissor   Receptor

Veja como se escreve SOS em código Morse!

INCRÍVEL!

CELULAR 4G

UM CABO MUITO LONGO

O primeiro cabo que atravessou com sucesso todo o oceano foi instalado por um navio em 1866.

CELULAR 1G
O primeiro celular era grande e pesado como um **tijolo**, então não durou muito.

G DE GERAÇÃO

A tecnologia móvel está evoluindo a grandes passos. Seu progresso é **medido em "G"**. Os primeiros só podiam transmitir voz, mas agora parecem verdadeiros **computadores**.

CELULAR 2G

29

LUZ, CÂMERA, AÇÃO!
MEIOS DE COMUNICAÇÃO EM MASSA

O rádio, a televisão, o cinema e a internet permitem que nos comuniquemos com muitas pessoas ao mesmo tempo.

A CIÊNCIA TORNOU POSSÍVEL
Descobertas como a eletricidade, o telefone ou as ondas eletromagnéticas foram os antecedentes científicos da televisão.

NO ESTÚDIO DE TELEVISÃO
Observe todas as pessoas que trabalham para fazer um telejornal.

TODOS JUNTOS!
No início do século XX, começou esta grande aventura: as comunicações não aconteceriam apenas entre duas pessoas, como no caso do telefone. Os meios de comunicação em massa **transmitem mensagens a milhares de pessoas.**

QUEM INVENTOU A TV?
Em 1926, **John Logie Baird** criou o primeiro sistema de televisão.

Em 1936, foram **transmitidas as primeiras imagens televisivas.** Transmitia-se apenas duas horas por dia.

As câmeras **gravam** as imagens e as transformam em fotografias elétricas.

Então as **transmitem** para um receptor que está em nossos televisores.

Apresentadores

Teleprompter

Tela de leitura

Muitas câmeras

Você sabia que antes as imagens da TV eram vistas em **preto** e **branco**?

Essa invenção foi se aperfeiçoando cada vez mais até chegar à televisão de hoje. Você já viu a **TV em 3-D** ou **4-D**?

SALA DE CONTROLE

Na **sala de controle** e **comandos técnicos** estão as pessoas que se certificam de que tudo está sendo bem gravado e transmitido. Elas monitoram o **som**, as **câmeras**, as **imagens**, as **telas**, etc. Com uma **mesa de mixagem** e vários botões, elas selecionam e gerenciam cada minuto da transmissão.

30

COM OU SEM TV
Uma revolução na comunicação!

O que você gosta de assistir na TV? Filmes, esportes, notícias, desenhos animados...?

Você já se perguntou como tudo isso chega às nossas telas?

Ponto eletrônico

O ponto eletrônico é usado para se comunicar **com a sala de controle**.

Os **microfones** captam as ondas sonoras e as transformam em ondas elétricas.

Iluminador

Microfonista

PARECE MÁGICA!
As imagens de televisão são **compostas** por muitas **fotografias estáticas**. Ao transmiti-las tão rapidamente, entre 25 e 30 fotos por segundo (FPS), os nossos olhos as **veem em movimento**. O mesmo acontece no cinema.

A MAGIA DO RÁDIO
A beleza do rádio é **ouvir os sons** e imaginar o resto.

Guillermo Marconi percebeu que poderia **transmitir sons** a distâncias curtas e **sem cabos**. Assim, fez a primeira transmissão em 1879.

COM ONDAS

Em 1920, foram transmitidos os primeiros programas de rádio.

Mais tarde, **Hertz** descobriu que essas ondas viajam mais longe, então inventou receptores para ondas eletromagnéticas.

COMO FUNCIONA A RÁDIO?

O **microfone** capta o som e o transforma em eletricidade. Depois, o transfere para a **antena moduladora**, que transmite as ondas que viajam pelo ar.

O **locutor** e o **técnico de som** se comunicam através do vidro.

NO AR
Shhh! Se a **lâmpada vermelha** estiver acesa, significa que eles estão transmitindo.

Em outra parte do mundo, é possível **captar essas ondas** hertzianas com um dispositivo **receptor**: o rádio.

SINTONIZE-SE!

| FM | 88 | 92 | 96 | 100 | 104 | MHz |
| AM | 54 | 60 | 70 | 80 | 100 | 130 | KHz |

A **frequência das ondas** de rádio da estação determina o número que ela ocupa no mostrador.

QUE DIVERTIDO!
Anos atrás, as famílias se sentavam em frente ao rádio e **ouviam histórias**. Você já ouviu histórias ou transmissões de **radionovelas**?

31

LUZ VISÍVEL E INVISÍVEL
DO QUE A LUZ É FEITA?

Uma grande quantidade de **raios viaja na forma de ondas** pelo ar e pelo espaço. Elas formam o **espectro eletromagnético**. Já ouviu falar dele?

Quase todos esses raios são **invisíveis** aos nossos olhos.

São ondas de rádio, micro-ondas, raios X, raios gama, infravermelho e ultravioleta. Vemos apenas uma pequena parte desses raios: **a luz visível**.

COMO SE MOVEM?

Os raios se movem pelo espaço da mesma forma que as ondas geradas por uma pedra que cai na superfície da água. **Eles se expandem em todas as direções** e viajam em **linha reta**.

AS ONDAS ELETROMAGNÉTICAS

Clerk Maxwell (1831-1879) demonstrou que a eletricidade, o magnetismo (a força dos ímãs) e a luz faziam parte do mesmo fenômeno: a **radiação eletromagnética**.

Foi uma descoberta muito importante para a ciência e para a vida moderna.

São como ondas do mar. E se agrupam de acordo com o formato da sua onda.

ESPECTRO DE CORES DA LUZ VISÍVEL

ESPECTRO

COMPRIMENTO DA ONDA + ◄ Quanto maior o comprimento da onda, mais longe elas viajam.

| ONDAS DE RÁDIO | MICRO-ONDAS | RAIOS INFRAVERMELHOS |

FREQUÊNCIA — Quanto maior a frequência, mais energia elas têm. ►

ONDAS DIFERENTES, USOS DISTINTOS

São as **ondas mais compridas** do espectro. Cada onda pode medir até cem quilômetros.

São importantes nas comunicações pelo ar e no espaço: **redes sem fio**, TV, rádio FM e AM, telefones celulares...

Além de serem utilizadas no forno para aquecer e cozinhar, as micro-ondas têm outros usos: **radares, alarmes, antenas** de celulares e antenas parabólicas, internet, etc.

Com essa radiação, você pode ver o **calor que emana** de objetos ou corpos à noite. Observe o abutre acima! Além disso, é utilizada para **comunicações de curta distância**, como controle de televisão, foco automático de câmeras ou travamento central de automóveis.

32

ONDAS E RAIOS

COMO SE MEDE UMA ONDA?

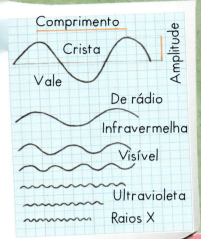

Comprimento de onda: distância entre uma crista e a próxima.

Frequência: número de ondas que passam por um ponto em um segundo.

RÁPIDA COMO UM RELÂMPAGO!

Você sabia que a luz leva pouco mais de um segundo para viajar da Terra até a Lua? **Velocidade da luz:** 300.000 quilômetros por segundo.

LUZ VISÍVEL

É a **pequena fração** do espectro eletromagnético que nossos olhos conseguem ver. Dentro da luz branca, as **sete cores** estão ocultas. Você já viu o arco-íris?

A diferença no comprimento da onda nos permite distinguir as cores quando a luz se decompõe.

700 NM
600 NM
580 NM
550 NM
475 NM
450 NM
400 NM

nm = nanômetro (bilionésimo de 1 metro)

O LASER
POTÊNCIA MÁXIMA CONCENTRADA

A luz do laser **não pertence ao espectro** eletromagnético. É uma **luz fabricada**. Dentro de um tubo com espelhos, os raios são organizados **para multiplicar** sua potência. O laser é utilizado na medicina (como bisturi, em operações), como **leitor de CD**, leitor de **código de barras**, etc.

Em 16 de maio, comemora-se o **Dia Internacional da Luz**. Nessa data, no ano de 1960, **Theodore Maiman** emitiu o primeiro raio laser. Uma invenção magnífica!

ELETROMAGNÉTICO

COMPRIMENTO DE ONDA —

LUZ VISÍVEL   RAIOS ULTRAVIOLETA (UV)   RAIOS X   RAIOS X E GAMA

FREQUÊNCIA +

RAIOS UV
Transportam mais energia que a luz visível; é por isso que bronzeiam a nossa pele. A maior parte desses raios é **absorvida pela atmosfera**, mas é preciso ter cuidado porque eles podem causar queimaduras! Os raios UV também são usados para tratamentos em bebês recém-nascidos.

RAIOS X
Sua potência **pode penetrar nos tecidos**. É por isso que os médicos os utilizam para ver nossos ossos e órgãos. Também são usados no setor de segurança dos aeroportos, para conferir o que há dentro das malas.

RAIOS X E GAMA
São tão poderosos que **podem atravessar materiais sólidos e resistentes**. Eles são chamados de **radioativos** porque podem **entrar nos átomos**. É por isso que são tão perigosos! São utilizados para pesquisa, em usinas atômicas e para geração de energia nuclear.

A **bomba atômica** produz muitos raios gama! **Isso é mortal!**

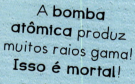

MUNDO ROBÓTICO
AS MÁQUINAS INTELIGENTES!

Estamos **cercados por elas**. Apresentam formatos muito variados e realizam várias tarefas que os humanos consideram difíceis de fazer.

O QUE SÃO ROBÔS?

Máquinas capazes de realizar tarefas, com **instruções previamente programadas** por meio de inteligência artificial. Parece incrível, não é?

NO DIA A DIA

Podemos encontrá-las **em casa**, em **fábricas**, explorando planetas no **espaço** ou como dispositivos, menores que um inseto, capazes de entrar no corpo humano para **curá-lo**.

Inseto robô

A ROBÓTICA

É a ciência que **projeta, constrói** e **programa** robôs. Juntamente com a inteligência artificial, está avançando a grandes passos.

INTELIGÊNCIA ARTIFICIAL

Essa ciência é fascinante! Programa ou cria tecnologias **nas máquinas para imitar a inteligência humana**. Isso lhes dá a capacidade de aprender, raciocinar, deduzir e analisar para que possam tomar decisões e agir.

TIPOS DE ROBOTS

Robô telefônico

ROBÔS INDUSTRIAIS

São usados em fábricas para **realizar que são trabalhos difíceis** para as pessoas, como tarefas altamente repetitivas ou que exigem muita força.

ROBÔS NA MEDICINA

Você sabia que é possível operar com um robô?

NANORROBÔS

Parece incrível! Esses **minirrobôs** são programados para defender e curar o corpo humano **viajando dentro do sangue**.

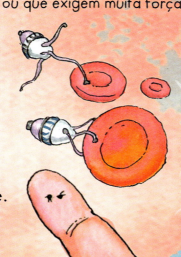

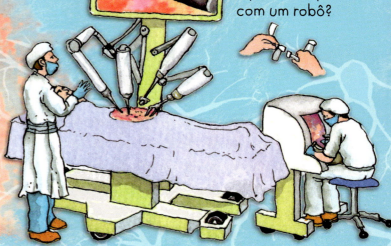

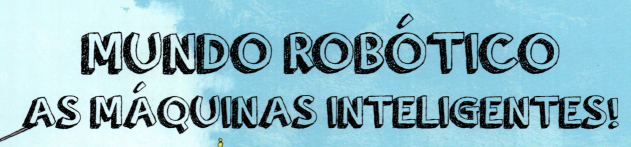

34

OS ANDROIDES

Esses robôs semelhantes aos humanos realizam tarefas típicas de uma pessoa, incluindo **expressar emoções**.

O PRIMEIRO ROBÔ HUMANOIDE

Elektro era o seu nome, e Joseph Barnett, o seu criador.

Ele sabia **encher balões**, tinha pouco mais de dois metros de altura e era todo coberto de metal. Foi exibido na Feira Mundial de Nova Iorque de 1939. Ele conseguia **falar 700 palavras**.

Veja seu animal de estimação robótico!

Sparko, um **cão-robô** da raça terrier, que pesava cerca de trinta quilos, era capaz de latir, sentar nas patas traseiras e até obedecer a comandos simples.

COMO FUNCIONAM?

Todos os robôs **têm sensores**, que são como os nossos sentidos, um **computador**, que funciona como um cérebro, e uma **máquina**, para se mover e realizar ações.

ROBÔS DOMÉSTICOS

São usados em **casa**. Esse tipo de robô inclui muitos **dispositivos diferentes**, como aspiradores de pó robóticos, limpadores de piscina, varredeiras, além de robôs que **preparam refeições**, fornecem **assistência pessoal**, etc.

ROBÔS ESPACIAIS

Buggy Lunar Apollo 15

Esse *rover* foi o primeiro veículo **enviado à Lua** pela NASA. Os astronautas conseguiram explorar sua superfície e obter muitas amostras de material lunar.

ROBÔS AÉREOS

São **veículos** aéreos **não tripulados** e incluem vários tipos de máquinas voadoras robóticas, como aviões, helicópteros e drones.

35

TECNOLOGIA
OS DRONES

Drone, que é uma palavra inglesa, significa "zangão" ou "zumbido", por causa do barulho que produz.

Esses veículos aéreos não possuem piloto. Operados por controle remoto, são capazes de permanecer em voo por bastante tempo.

A tecnologia trouxe invenções deslumbrantes!

Robôs voadores!

UM DRONE É ASSIM
Pode parecer um mosquito ou um pássaro.

VISÃO DE PÁSSARO
Eles podem se mover **rapidamente** em terrenos irregulares e superar qualquer obstáculo.

Fazem fotos e vídeos incríveis graças às câmeras embutidas.

Existem drones em formato de aves predadoras que **servem para espantar os pássaros** que comem as plantações.

PARA QUE SERVEM?
Coletam muitos dados com base no que veem lá de cima, além de **transportar câmeras, sensores ou cargas** sem riscos às pessoas.

Na agricultura: para **fumigação** (controle de pragas), etc.

Fazem **projetos, mapas** e modelos tridimensionais do terreno. Para controlar obras e planejá-las.

Para usos comerciais, entrega de **encomendas**...

Esses **óculos** são usados para ingressar na **realidade virtual**.

TIPOS, FORMAS E TAMANHOS

Podem ser **bem pequenos** ou **grandes**, mas quase sempre muito leves.

DE ÚLTIMA GERAÇÃO
A IMPRESSORA 3-D

O QUE SIGNIFICA 3-D?

"Tridimensional", ou seja, com **3 dimensões**.

0-D 1-D
2-D 3-D

INCRÍVEL, MAS REAL!

As impressoras 3-D já estão funcionando a todo vapor!

A PRIMEIRA IMPRESSORA 3-D

Em 1983, **Chuck Hull** fez a primeira peça impressa em 3-D. Ele usou **resina líquida** e **luz ultravioleta** para moldá-la e endurecê-la.

Comprimento, largura e profundidade: **3 dimensões (3-D)**. Assim são os corpos com volume.

3-D   2-D

Com elas, é possível fazer brinquedos, maquetes, peças de carros, próteses e até comida!

HUMMM, QUE COMIDA DIVERTIDA!

Pode-se imprimir chocolate, massas, açúcar e pratos deliciosos. **As possibilidades são quase ilimitadas!**

VEJA TUDO O QUE A IMPRESSORA PODE FAZER!

É possível imprimir **partes do corpo** humano no tamanho exato que o paciente necessita.

Próteses dentárias, órgãos, pernas...

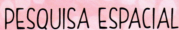

...e até pedaços de ossos.

Além de um gesso sob medida!

PESQUISA ESPACIAL

ARQUITETURA IMPRESSA

O incrível hábitat MARSHA, **impresso em 3-D**, foi projetado para usar e armazenar os recursos que existem em Marte.

É composto por um material forte e isolante que resiste a condições e temperaturas extremas.

BRINQUEDOS

37

UNIDOS POR REDES
CONEXÕES SEM FIO

SEM FIOS

São chamadas de conexões "sem fio" porque o transmissor e o receptor não estão conectados por cabos.

A **comunicação** é estabelecida por **meio de ondas eletromagnéticas**, que são emitidas e recebidas em forma de mensagens.

NO DIA A DIA

Todos os dias e a qualquer hora **usamos a internet** e outras conexões.

Quantas vezes por dia você usa um tablet, um celular ou um computador?

Aqui você pode ver a **utilização dessa tecnologia em nosso dia a dia**: o controle da TV, o celular, a televisão via satélite e outros dispositivos.

Dentro de dispositivos como celulares, tablets, computadores, GPS ou relógios inteligentes há **antenas** e **transmissores**.

COMUNICAÇÃO POR SATÉLITE

Milhares de **satélites artificiais**, enviados por humanos, **orbitam** a Terra e nos **ajudam** em nossa comunicação.

Graças a eles, alguns telefones, televisões e GPS funcionam; também nos permitem observar a Terra, prever o tempo, prevenir catástrofes, estudar as alterações climáticas, etc.

Ou seja, se eles fossem **desligados**, as **nossas vidas mudariam** radicalmente.

Os satélites usam **tecnologias sem fio** para se conectar entre si, como raios infravermelhos ou micro-ondas até **bluetooth** ou **wi-fi**.

CONSOLE DE VIDEOGAME

Você com certeza já jogou alguma vez. É divertido, não é?

REALIDADE VIRTUAL

Parece inacreditável, mas dentro desses óculos existe outro **mundo** que **parece real**.

Celulares **conectados** por **bluetooth**.

BLUETOOTH

Permite a **conectividade** entre dispositivos sem utilizar cabos, possibilitando a **troca de dados**. Agora é muito fácil ouvir música ou se conectar a outros dispositivos. Você já fez isso?

NAVEGAR NA INTERNET

Graças a essa poderosa tecnologia, estamos todos conectados e podemos saber, em um instante, o que estão dizendo no Japão ou o que está acontecendo na Guatemala.

Um mundo globalizado!

As redes invisíveis são responsáveis por transportar mensagens de uma parte do mundo para outra.

ROTEADOR E MODEM
Graças a esse pequeno aparelho, conseguimos receber o **sinal de internet**.

WI-FI
Abreviatura de **Wireless Fidelity**, que em inglês significa "fidelidade sem fio".

Permite criar **redes sem fio** para conectar qualquer dispositivo à internet.

COMPUTADOR
O computador nos permite trabalhar, estudar, ouvir música, brincar... e muito mais. **É uma grande invenção!**

Estudo on-line

TABLET
Esse pequeno computador é chamado de tablet porque se parece com um tablete de chocolate.

TELEVISÃO POR SATÉLITE

Trabalhando na rede

O controle remoto da TV usa **raios infravermelhos**.

COMO A INTERNET FUNCIONA?

Os usuários pesquisam conteúdo **na rede**.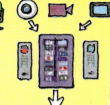

 Páginas e **sites** são hospedados em **servidores**.

As antenas recebem e **multiplicam** o sinal.

Os **navegadores** nos permitem visitar e encontrar informações por meio de **mecanismos de pesquisa**.

ENDEREÇO IP

Cada dispositivo que se conecta à internet tem um **código IP exclusivo**. É semelhante ao seu endereço residencial. Qualquer mensagem enviada para você chega por meio dele, assim como as cartas **chegam em sua casa**.

REDES SOCIAIS

Por meio delas, podemos **compartilhar** fotos, vídeos e conversar. Mas cuidado: **você nunca deve compartilhar seus dados!**

39

MICROSCÓPIO E TELESCÓPIO

Uma viagem para dentro ou para fora da matéria. Bem pequeno ou bem grande, mas muito parecidos!

QUEM DESCOBRIU

Por volta de 1590, **Zacharias Janssen**, um óptico holandês, observou que agrupando diferentes lentes, ele conseguia ampliar várias vezes as imagens que observava.

Mais tarde, outros microscópios mais sofisticados foram inventados, **combinando lentes e espelhos**.

Atualmente, também são usados **microscópios eletrônicos**. Eles são muito mais poderosos e coletam as imagens em um computador.

O MICROSCÓPIO

Esse magnífico instrumento nos permite descobrir o que há dentro das coisas, mostrando as pequenas partes que as compõem e que não conseguimos enxergar. É uma ferramenta **fundamental para a pesquisa** e a ciência.

SEMELHANÇAS

Muitas das **formas** e **estruturas** que descobrimos dentro da matéria...

NEURÔNIOS

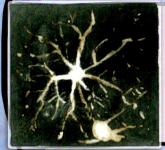

O interior de um neurônio é muito semelhante ao de uma...

Se você observar a estrutura interna de um **átomo**, verá que as órbitas de seus elétrons são **semelhantes** às dos **planetas**.

OS NÚMEROS DA VIDA

Existe uma estrutura de crescimento comum em muitos seres vivos e fenômenos naturais.

Todos têm um formato semelhante, que é uma espécie de **espiral**.

Folhas em uma planta

Com o microscópio, podemos perceber o inimaginável.

Veja que imagens incríveis!

ÍRIS DO OLHO

PAPILAS GUSTATIVAS
São pequenos pontos da língua.

NEURÔNIO HUMANO
São as células cerebrais.

CABEÇA DE MOSCA

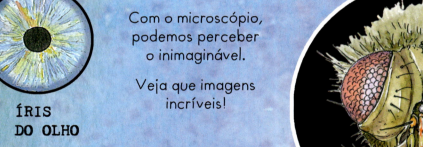

MUNDO MICROSCÓPICO

Se você entrar neste mundo fascinante, verá imagens como estas.

PILOBOLUS
Esses fungos agem com grande velocidade.

CARRAPATO
Depois de se empanturrar!

ALGAS *VOLVOX*
Suas colônias formam uma bola perfeita.

40

LENTES ÓPTICAS

O TELESCÓPIO

O universo acabará algum dia? Ele é tão imenso e inatingível! Quanto mais olhamos, mais coisas descobrimos.

Como os nossos olhos não conseguem ver tão longe, os telescópios nos ajudam.

NEBULOSA DE HÉLICE

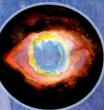

É assim que são as diferentes cores dessa nebulosa.

TELESCÓPIO REFLETOR

PRIMEIROS TELESCÓPIOS

Um dos primeiros telescópios conhecidos foi criado pelo holandês **Hans Lippershey**, em 1608. Pouco depois, em 1609, **Galileu Galilei** apresentou o seu. A partir daí, muitos outros foram inventados, de diversos tipos: telescópios refletores ou refratores, com espelhos e lentes muito potentes.

BURACO NEGRO

Uma força imensa e ainda desconhecida pelos seres humanos.

Estes quasares são núcleos galáticos muito distantes que emitem uma radiação capaz de engolir planetas inteiros.

TELESCÓPIO HUBBLE

Esse telescópio pode enviar imagens bem nítidas do **espaço**.

Painéis solares

HUBBLE

TEMPESTADES DE JÚPITER

Descobriu-se que, em Júpiter, há ventos fortes e furacões.

NEBULOSA

É lindo observar uma nebulosa pelo telescópio. Parece um monte de fogos de artifício.

COMPOSIÇÃO DO SOL

Nosso Sol é como uma cebola: tem diferentes camadas e, em sua superfície, pode-se ver manchas solares.

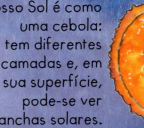

INCRÍVEIS!

... **se repetem** do lado de fora. Inclusive no universo! Confira essas comparações.

NEBULOSA

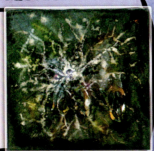

... nebulosa no espaço. É incrível, não é mesmo?

ÁTOMOS

ÓRBITAS PLANETÁRIAS

AQUI VOCÊ PODE VER ALGUNS EXEMPLOS!

Fibonacci foi um matemático dos séculos XII-XIII que descobriu a fórmula numérica dessa estrutura.

Ela é infinita e se chama "fractal".

Expansão de uma galáxia

Evolução das nuvens

41

INVENTORES E INVENTORAS
GÊNIOS DA HUMANIDADE

A lista de inventores e inventoras famosas é muito longa. Pessoas que se tornaram gênios graças à sua tenacidade e à sua vontade de **criar**, **conhecer** e **descobrir**. Conheça suas histórias!

A engenhosidade, paixão e imensa curiosidade deste **artista e cientista visionário** fizeram dele um dos inventores mais produtivos da humanidade.

LEONARDO DA VINCI 1452-1519

PESQUISADORES INCANSÁVEIS

Muitos deles foram considerados **loucos** ou **excêntricos**, porque suas ideias pareciam malucas.

Suas invenções **continuam influenciando** o mundo até hoje. A lista parece interminável.

Os **manuscritos** de Leonardo da Vinci compõem oito livros.

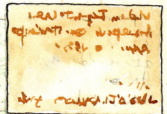

Esses homens e mulheres dedicaram suas vidas à pesquisa, e suas conquistas representaram **grandes avanços** para a humanidade.

O parafuso aéreo, as máquinas voadoras, os sistemas de água e a besta são algumas dessas invenções. Leonardo tinha um profundo conhecimento do corpo humano e sempre teve uma **visão revolucionária**.

Alguns fragmentos são escritos da direita para a esquerda. Você tem que **lê-los com um espelho**! Isso tornou mais difícil descobrir suas invenções.

MULHERES INVENTORAS

Existiram **muitas mulheres** pesquisadoras e cientistas brilhantes, mas a maioria **teve dificuldade** em ser reconhecida.

MARIE CURIE 1867-1934

Esta cientista renomada foi a primeira mulher a lecionar na Universidade de Paris. Dedicou-se ao estudo da radioatividade. Ganhou o Prêmio Nobel duas vezes: de Física, em 1903, e de Química, em 1911.

Dentre as suas descobertas, estão os elementos químicos **rádio e polônio**; este último foi batizado assim em homenagem à Polônia, sua terra natal.

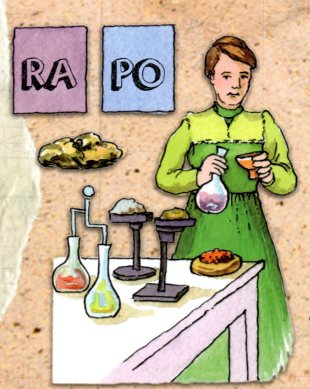

HISTÓRIAS INSPIRADORAS
Grandes caminhos a seguir

ALBERT EINSTEIN
1879-1955

Este brilhante cientista, nascido na Alemanha, é considerado um dos mais importantes e populares do século XX.

Ele propôs a **teoria da relatividade** e a famosa fórmula $E = mc^2$.

NIKOLA TESLA
1856-1943

Inventor inesgotável, curioso e apaixonado. Há tanto que lhe agradecer pelo seu trabalho e pela sua pesquisa: corrente alternada, motor elétrico, radar, controle remoto, energias renováveis, etc. Todas essas descobertas **continuam agregando** conhecimento ao mundo. Ele nunca foi reconhecido em vida. Morreu sozinho e na pobreza.

$E = mc^2$ relaciona a massa e a energia com a velocidade da luz.

Infelizmente, essa fórmula foi utilizada para fabricar a **primeira bomba atômica**, que matou milhares de pessoas. **Einstein** sempre acreditou na paz e nunca se perdoou por ter colaborado, mesmo que involuntariamente, para que isso acontecesse.

AUGUSTE E LOUIS LUMIÈRE

Nasceram em 1862 e 1864.

Os irmãos Lumière **inventaram o cinema** e patentearam o cinematógrafo. Seu primeiro filme foi lançado em 1894.

MARY ANDERSON
1866-1953

Ela inventou o **limpador de para-brisa**. Pode não parecer muito importante, mas foi fundamental para o automobilismo, pois sem esse recurso seria quase impossível dirigir na chuva.

JANE GOODALL

Nasceu em 1934.

HEDY LAMARR
1914-2000

Além de engenheira eletrônica e inventora, ela foi atriz de cinema. Suas pesquisas sobre o espectro de ondas permitiram, anos depois, a invenção da tecnologia sem fio **wi-fi** e **bluetooth**.

É considerada pioneira por seu **estudo sobre chimpanzés selvagens** na Tanzânia. Em um experimento que durou sessenta anos, ela investigou como esses animais se relacionam entre si. Suas descobertas revolucionaram o conhecimento sobre os chimpanzés, mas também sobre os seres humanos.

INVENÇÕES MALUCAS

Aqui você verá algumas das invenções mais **malucas** de todas. Muitas ainda existem, mas outras caíram no esquecimento.

LOCOMOTIVA A CAVALO
Nenhum motor era necessário! Esta locomotiva **movida a cavalo** foi testada com sucesso em Londres, no ano de 1850. Foi muito aplaudida na época, embora não tenha tido muito sucesso.

CHAPÉU COM RÁDIO
Um chapéu e tanto!

Com **rádio** e **antena embutidos**, foi uma grande novidade na época. Sua invenção data de 1931.

CHAPÉU DE BANHO
Muitas vezes, quando tomamos banho, água e sabão caem em nossos olhos. Este chapéu era uma boa solução!

PORTA-MESA DE PINGUE-PONGUE
Do inglês *ping pong door*. Você pode **entrar, sair... e jogar pingue-pongue**!

Que invenção legal!

Com essa ideia, **Tobias Fränzel**, um designer alemão que também é autor de muitas outras invenções divertidas, tornou-se bem conhecido.

A FLIZ
Os alemães **Tom Hambrock** e **Juri Spetter** criaram essa **bicicleta sem pedais**, em 2012. Eles se basearam na primeira bicicleta infantil sem pedais criada: a **laufrad** (bicicleta de equilíbrio). Sustentado por cintos de segurança, o ciclista corre para pegar velocidade.

ORIGINAIS E DIVERTIDOS

ÓCULOS COM TV

O inventor destes óculos com televisão foi **Hugo Gernsback**, e eles datam de 1963. São bem semelhantes aos óculos 3-D. Você gostaria de **assistir à TV assim?**

CHINELOS COM LUZ

Com estes sapatos, é possível ver as formiguinhas ou qualquer pó no chão. **Nem é necessário acender a luz** para sair da cama.

GUARDA-CHUVA PARA CÃES

Sequinho, sequinho ficará o cachorrinho! Esta curiosa invenção fará a alegria de **muitos animais de estimação**, que não precisarão mais se molhar ao sair para passear.

RODA DE LIVROS

O engenheiro italiano **Agostino Ramelli** criou esta curiosa máquina rotativa que **permitia ler vários livros ao mesmo tempo sem sair do lugar.**

Invenção ideal para amantes da leitura.

Os inventores têm **milhões de ideias.** Para cada um que tem sucesso, há milhares que falham.

A ALMOFADA QUE ABRAÇA

Descansar fica ainda melhor desse jeito!

Esta almofada companheira foi criada em 2009. Pode ser usada para **descansar o pescoço ou o corpo**. Chamava-se *Hug Me Pillow*, que significa "almofada para abraçar".

Dá vontade de se aconchegar nela, não dá?

45

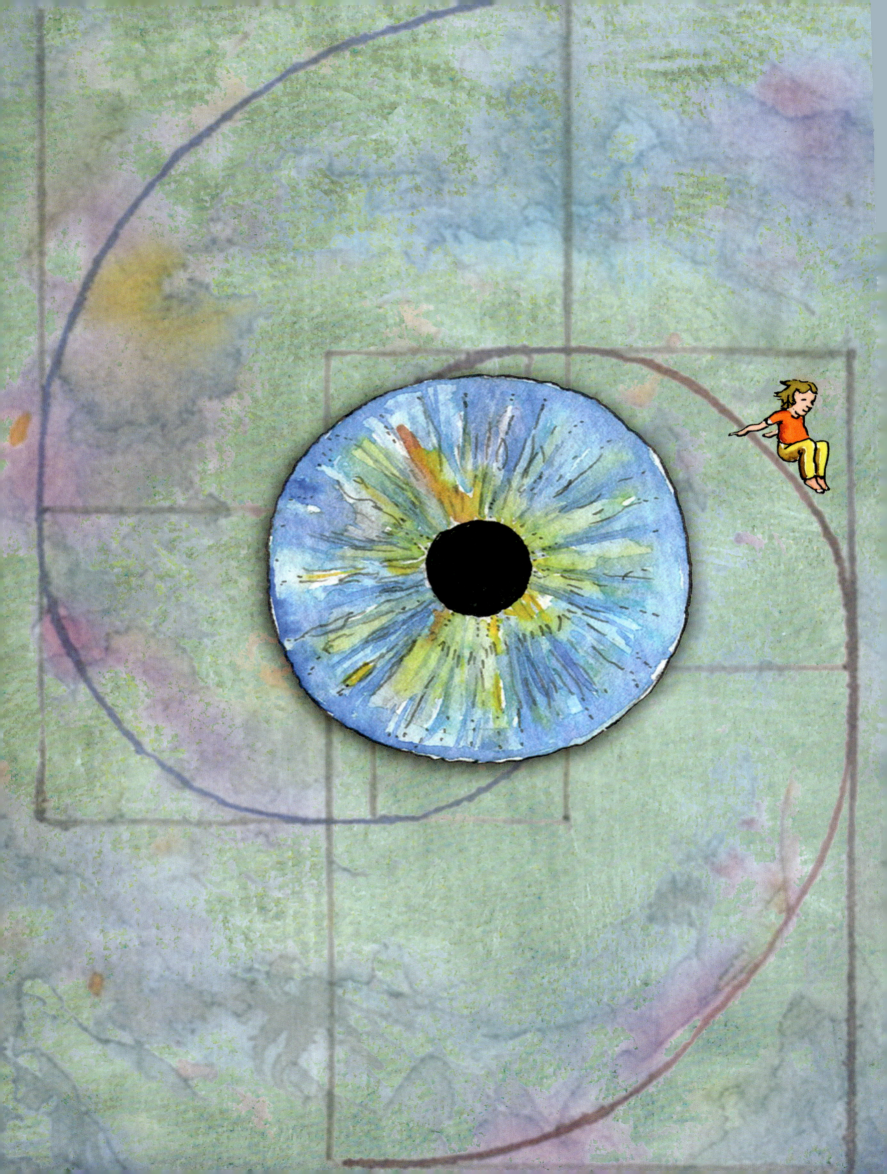